Luisa und die große Ballettaufführung

Barbara Peters

Luisa und die große Ballettaufführung

mit Illustrationen von Naeko Walter

Kaufmann

Bibliografische Information der Deutschen Bibliothek
Die Deutsche Bibliothek verzeichnet diese Publikation in der
Deutschen Nationalbibliografie; detaillierte bibliografische Daten
sind im Internet über http://dnb.ddb.de abrufbar.

1. Auflage 2019
© 2019 Verlag Ernst Kaufmann, Lahr
Dieses Buch ist in der vorliegenden Form in Text und Bild urheber-
rechtlich geschützt. Jede Verwertung ist ohne Zustimmung des
Verlags Ernst Kaufmann unzulässig und strafbar. Dies gilt ins-
besondere für Nachdrucke, Vervielfältigungen, Übersetzungen,
Mikroverfilmungen und die Einspeicherung und Verarbeitung in
elektronischen Systemen.

Covergestaltung: Kaufmann Verlag
Layout und Satz: Katrin Kleinschrot
Ballettschuh Infoseiten: © great19, Fotolia

Printed by LEO Paper
ISBN 978-3-7806-6346-7

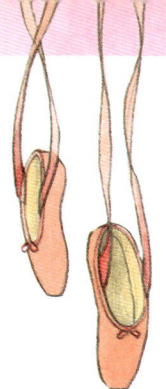

Inhaltsverzeichnis

7 Endlich wieder Balletttraining // Was brauchst du zum Tanzen?   10

11 Jede Menge kleiner Sterne // Aufwärmen zu Beginn des Trainings   15

16 Eine superschöne Aufführung // Die Grundpositionen   20

21 Flamingos und Krokodile // Laufen, hüpfen und springen   25

26 Anjas große Überraschung // Spitzenschuhe und Spitzentanz   30

31 Omas Erinnerungsschachtel // Berühmte Ballettstücke   35

36 Generalprobe verpatzt – wie wunderbar! // Vor der Generalprobe und vor der Aufführung   40

41 Luisas allerschönster Tag // Auf einen Blick – Ballettbegriffe   46

Endlich wieder Balletttraining

»Tschüss, Mama!«, ruft Luisa und rennt die Treppe zur Ballettschule hinunter. Sie hat es so eilig, dass sie gar nicht mehr hört, wie Mama »Bis nachher, mein Schatz!« sagt. Luisa will nicht zu spät kommen. Der Ballettunterricht macht ihr so viel Spaß, dass sie keine Sekunde verpassen möchte.

Sie stürmt in den Umkleideraum. Was für ein Glück, das Training hat noch nicht angefangen! Die anderen Mädchen ziehen sich gerade um und Luisa sieht sofort, dass auf der Bank neben Nele noch Platz ist.

Luisa lässt die Sporttasche neben ihrer besten Freundin fallen und zerrt ihre Tanzklamotten aus der Tasche.

»Wow!«, sagt Nele, als Luisa ihr Trikot über die Strumpfhose zieht. »Ist das neu?«

Vorsichtig streicht Nele mit dem Zeigefinger über den glitzernden Schmetterling, der vorne auf Luisas Brust sitzt.

»Ein Geschenk von meiner Oma«, erklärt Luisa. »Schön, nicht?«

Nele nickt und schlüpft in ihre Lederschläppchen.

»Bin ich froh, dass wieder Dienstag ist«, murmelt sie und zieht ein rosa Wickelwolljäckchen über ihr lila Trikot.

»Ich ziehe mein Jäckchen auch an«, überlegt Luisa.

Und Bella, die zu den Großen gehört, sagt: »Mach das, Luisa. Es ist wichtig, dass deine Muskeln warm sind. Nachher kannst du die Jacke ja wieder ausziehen.«

Bella gibt gerne damit an, dass sie schon lange Ballett tanzt und richtig gut Bescheid weiß. Manchmal ist das nervig, aber Luisa und Nele finden sie trotzdem nett. Bella ist nämlich sehr hilfsbereit. Wenn die Mädchen neue, schwierige Figuren oder Übungen lernen, gibt Bella ihnen gute Tipps. Und sie kennt die vielen französischen Wörter, die beim Ballett vorkommen. Bella erklärt ihnen einfach, dass *à la barre* bedeutet, dass sie jetzt ihre Übungen an den hölzernen Stangen machen sollen, die rings an den Wänden des Ballettsaales und vor der großen Spiegelwand entlanglaufen. Natürlich erzählt Anja, die Tanzlehrerin, das alles auch, aber ab und zu vergessen Luisa und Nele eines der schwierigen fremden Wörter. Und dann ist es super, wenn Bella ihnen hilft.

»Mist!«, schimpft Nele und versucht ihre langen Haare mit einem Haargummi zu bändigen. Immer wieder rutscht eine Strähne heraus und hängt vor ihren Augen.

»Soll ich dir helfen?«, fragt Luisa und schnappt sich Neles Bürste.

»Oh ja, bitte!«, sagt Nele und gibt ihrer Freundin das Haargummi.

Luisa hat zwar ganz kurze Haare, aber sie spielt oft Friseur mit ihren Puppen und Pferdeschwänze kann sie richtig gut. In Nullkommanichts hat sie Neles Haare zurückgebunden. Jetzt werden sie beim Tanzen nicht mehr stören.

»Danke!«, lacht Nele und stopft die Bürste in ihre Sporttasche.

»Schau mal!«, ruft Luisa und zeigt in den Ballettsaal. »Die Jungs sind schon da!«

Max und Jonas spielen Fangen und flitzen vor dem riesigen Spiegel hin und her.

»Wollt ihr mitmachen?«, fragt Jonas.

Was für eine Frage. Natürlich wollen die Mädchen das!

Doch bevor das wilde Spiel richtig losgehen kann, kommt Henning und zieht die Hülle von dem elektrischen Keyboard, das in einer Ecke des Saales steht. Er schaltet das Instrument ein und spielt einen Tusch. Und da steht auch schon Anja mitten im Saal und lächelt.

»Ich hab gar nicht gemerkt, dass sie gekommen ist«, flüstert Luisa Nele zu, als sie mit den anderen Tänzerinnen und Tänzern einen Kreis um die Ballettlehrerin bilden.

»Schön, dass ihr alle da seid! Wir fangen gleich an«, begrüßt Anja die Kinder, während Henning ein bisschen auf dem Keyboard improvisiert.

Nicht nur die Balletttänzer machen sich warm, sondern auch der Musiker. Henning ist etwas älter als Bella. Er geht schon in die elfte Klasse und bessert sich sein Taschengeld auf, indem er in der Ballettschule Musik macht.

Anja hebt die Hand und die Musik verstummt. Luisa seufzt zufrieden. Jetzt geht es los!

Was brauchst du zum Tanzen?

Im Ballettunterricht ziehst du am besten bequeme Kleidung an, die eng anliegt. So kannst du dich gut bewegen und deine Tanzlehrerin kann deine Körperhaltung genau erkennen.

Jungen trainieren in kurzen oder langen engen Hosen. Dazu tragen sie Söckchen und ein T-Shirt.

Mädchen tragen ein Trikot und eine Strumpfhose oder Söckchen. Es gibt Trikots mit langen oder kurzen Ärmeln.

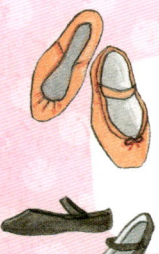

Die **Ballettschuhe**, die du zum Training brauchst, werden Schläppchen genannt. Sie sind aus Leinen, Leder oder Satin.

Vor dem Training hältst du deine **Muskeln** schön warm, wenn du Stulpen und ein warmes Wickeljäckchen anziehst.

Die meisten Mädchen möchten am liebsten in einem echten **Tutu** tanzen. Aber keine Balletttänzerin trägt im Training so ein feines Spitzenröckchen. Tutus werden nur in der Aufführung oder bei einer Generalprobe angezogen.

Jede Menge kleiner Sterne

Wir beginnen mit unseren Aufwärmübungen! *À terre*, bitte«, sagt Anja und schon sitzen die Kinder mit ausgestreckten Beinen auf dem Fußboden im Kreis. Sie drücken die Knie durch und alle Fußspitzen zeigen in die Kreismitte.

»Macht euch im Sitzen so groß wie möglich und zieht die Bäuche ein«, sagt Anja.

Luisa hält den Kopf hoch. Zu beiden Seiten ihres Körpers berührt sie mit den Fingerspitzen leicht den Boden. Immer wieder zieht sie die Füße an und streckt sie.

»Genau, Luisa«, lacht Anja. »So werden die Muskeln in deinen Beinen und Füßen warm. Das machen wir jetzt alle.«

Die Ballettlehrerin geht zu Jonas und zeigt ihm, wie er seine Knie durchdrücken soll.

»Und jetzt sind wir alle Prinzen und Prinzessinnen«, sagt Anja und setzt sich in den Schneidersitz. »Stellt euch vor, dass ihr prächtige Kronen und wertvollen Schmuck tragt!«

Max hebt die angewinkelten Arme und streckt beide Hände als Krone über den Ohren in die Luft. Dabei schaut er so ernst und hoheitsvoll, dass Nele kichern muss.

»Was denn?«, zischt Max. »Ich bin König Max der Größte!«

Der Größte? Luisa prustet los. Hier im Ballettsaal ist Max der Kleinste. Sogar Anne, die Jüngste von allen, ist ein winziges bisschen größer als Max!

»Legt bitte alle die Hände auf eure Knie«, sagt Anja. »Auch du, König Max der Größte! Und nun schaut nach oben. Seht ihr die Spinnen? Sie lassen sich an langen Fäden von der Decke herab und hangeln sich vorsichtig hinunter bis vor eure Füße. Schaut eure Spinne

dabei immer an und senkt langsam den Kopf. So werden eure Nackenmuskeln warm.«
Obwohl Luisa echte Spinnen nicht mag, senkt und hebt sie ruhig den Kopf, Ballettspinnen sind nämlich etwas ganz anderes!

Nachdem sie auch noch Hände und Finger aufgewärmt und sich in alle möglichen Richtungen gestreckt und gebeugt haben, ruft Anja: »Und nun – *exercice à la barre*, bitte!«

À la barre – diesen französischen Ballettausdruck kennen Luisa und Nele schon. *À la barre* bedeutet an der Stange und *exercice* bedeutet Übung. Die Kinder springen auf und rennen zu der Stange vor der großen Spiegelwand. Luisa und Nele ziehen noch schnell ihre Stulpen und die Wickeljäckchen aus und werfen sie in eine Saalecke. Beim Aufwärmen kommt man nämlich schon ganz schön ins Schwitzen.

Luisa übt gerne vor dem Spiegel, denn dann sieht sie immer sofort, ob sie gerade steht oder ein Hohlkreuz macht.

»Och, nö!«, mault Nele. »Wie langweilig – *à la barre* – das ist immer dasselbe!«

Anja lächelt. »Diese Übungen sind sehr wichtig, Nele«, erklärt sie. »Alle Balletttänzer machen sie zu Beginn ihres Trainings. Dabei wird jeder Muskel deines Körpers geweckt.«

»Aber nachher machen wir auch noch was Lustiges, oder?«, fragt Nele.

»Na klar!«, sagt Anja. »Versprochen!«

Luisa und Nele üben fleißig halbe Kniebeugen, die *Demi-pliés* heißen.

Anja kommandiert: »Erste Position – *Demi-plié* – und tief – Pause – auf und – zweite Position – *Demi-plié* – und tief – Pause – auf und – dritte Position – *Demi-plié* – und tief – Pause – auf und ...«

»Schau mal, Luisa!« Nele zeigt auf Bella. »Das sieht richtig gut aus!«

Luisa nickt. Bella sinkt gerade in eine perfekte ganze Kniebeuge, die *Grand-plié* heißt. Anmutig heben sich ihre Fersen vom Boden. Die Finger ihrer rechten Hand scheinen die Stange kaum zu berühren. Mühelos hält sie das Gleichgewicht.

»Sehr schön!«, lobt Anja und Bella strahlt.
»Irgendwann können wir das auch!«, sagt Luisa zuversichtlich und Nele nickt.

Nach den Aufwärmübungen *à la barre* hat Anja eine Überraschung für ihre Ballettkinder. »Wir springen heute Sterne!«, verkündet sie.
Max und Jonas hören nur das Wort »springen«, und schon toben sie los. In wilden Sprüngen jagen sie durch den Ballettsaal.
»Hey, ihr beiden!«, ruft Anja. »Wir springen nicht wild herum – wir springen Sterne.«
Sterne springen? Wie soll das denn gehen? Luisa ist total gespannt.
Zuerst legen sich alle auf den Holzboden. Sie spreizen Arme und Beine und strecken Finger und Zehen so weit wie möglich auseinander, bis sie sich wie echte Sterne fühlen.
»Wunderbar!«, lacht Anja. »Und genauso macht ihr das jetzt in der Luft!«
Das Spiel ist toll. Mit geschlossenen Beinen geht Luisa ein wenig in die Knie. Sie presst die angewinkelten Arme vor der Brust zusammen und ballt die Hände fest zu Fäusten. Sie ist eine Rakete vor dem Start. Jetzt zählt sie leise rückwärts: »Fünf – vier – drei – zwei – eins – Staaaaart!«
Und dann springt Luisa mit aller Kraft in die Luft und streckt Arme und Beine, Finger und Zehen weit, weit auseinander – sie ist ein fliegender Stern.
Und sie ist umgeben von jeder Menge startender Raketen und jeder Menge kleiner fliegender Sterne. Das macht Spaß!

Aufwärmen zu Beginn des Trainings

Es ist wichtig, dass du dich zu Beginn der Ballettstunde gründlich aufwärmst. Strecke und dehne deine Muskeln. So beugst du späteren Verletzungen vor.

Spinne von oben
Stell dir vor, dass eine Spinne sich an ihrem Faden von der Decke des Ballettsaales bis auf den Boden vor deinen Knien herablässt. Leg deinen Kopf weit in den Nacken und verfolge die imaginäre Spinne langsam mit den Augen. Dabei senkst du den Kopf, bis dein Kinn deine Brust berührt. Schau auch zu, wie die Spinne wieder bis zur Decke hinaufklettert.

Besondere Kniebeugen
Eine halbe Kniebeuge, bei der die Fersen den Boden berühren, heißt *Demi-plié*. Beim *Grand-plié* gehst du ganz tief in die Knie. Die Fersen heben sich dabei vom Boden ab.

Springe einen Stern
Springe so hoch in die Luft, wie du kannst. Spreize dabei die gestreckten Beine und Arme so weit auseinander wie möglich. Jetzt bist du ein fliegender Stern.

Eine superschöne Aufführung

Als Luisa am Morgen aufwacht, weiß sie sofort: Heute ist ein ganz besonderer Tag. Neben Luisas Bett liegt eine Matratze auf dem Boden und auf dieser Matratze, ganz tief in ihren roten Schlafsack gekuschelt, schläft – Nele. Luisa lächelt. Wie schön, Nele hat bei ihr übernachtet und jetzt haben sie noch den ganzen Samstag zum Spielen vor sich! Nele wird erst am Nachmittag von ihren Eltern abgeholt.

Luisa flüstert: »Schläfst du noch, Nele?«

»Mmh?« Neles verwuschelter Haarschopf schiebt sich aus dem Schlafsack. »Jetzt nicht mehr!«, murmelt sie und gähnt. »Ich hab so schön geträumt«, fügt sie hinzu.

»Was denn?«, fragt Luisa neugierig.

»Wir waren beim Ballettunterricht und haben improvisiert. Wir durften tanzen, was wir wollten«, erzählt Nele. »Wir waren Feen und sind durch den Saal gewirbelt. Auf einmal war über uns kein Dach mehr, nur noch blauer Himmel und wir sind immer höher und höher gesprungen und dann – flogen wir über den Wolken. Das war schön!«

»Was für ein toller Traum!«, sagt Luisa und fügt verträumt hinzu: »Improvisieren mag ich besonders gern.«

»Ich auch!« Nele nickt.

Da hat Luisa eine großartige Idee. »Nach dem Frühstück tanzen wir!«, ruft sie. »Im Wohnzimmer ist genug Platz und Mama hat eine CD mit richtig schöner Musik, die hört sich an, als ob ein kleines Flüsschen langsam immer größer und wilder wird. Dazu kann man gut tanzen. Mama leiht uns die CD bestimmt.«

Nele ist begeistert: »Wir denken uns zu deiner Flussmusik ein Wassertropfen-Ballettstück aus und wenn meine Eltern zum Abholen kommen, dann führen wir es ihnen vor.«

Gesagt, getan – gleich nach dem Frühstück beginnen sie mit den Vorbereitungen. Luisa zieht ihr Balletttrikot an und Nele bekommt den dunkelblauen Gymnastikanzug.

»Wir haben nur ein Paar Schläppchen!«, sagt Nele und zieht die Ballettschuhe aus Luisas Sporttasche.

»Macht nichts!«, ruft Luisa. »Wir tanzen barfuß!«

»Gute Idee!«, lacht Nele. »Aber wir brauchen richtige Tutus für unser Flussballett!«

Das ist ein echtes Problem – woher sollen sie so schnell zwei Tutus nehmen?

Luisa wühlt in ihrer Verkleidungskiste. Vielleicht ist da etwas Passendes dabei. Ein Indianerkostüm, eine Krone, ein Räuberhut, Stöckelschuhe, Perlenketten und viele bunte Tücher.

»Das können wir nicht gebrauchen!«, sagt sie und stopft alles wieder in die Kiste.

»Warte!«, ruft Nele, schnappt sich zwei Tücher und knotet sie um ihren Bauch. Im Nu trägt sie einen federleichten, schwingenden Rock.

»Cooles Tutu!«, freut sich Luisa. »So eins mache ich mir auch!«

Den ganzen Vormittag üben sie fleißig. Auf jeden Fall müssen die ersten drei Positionen in ihrem Flusstanz vorkommen, die können Luisa und Nele nämlich schon richtig gut.

»Und ab und zu machen wir ein paar *Demi-pliés*!«, schlägt Luisa vor.

»Klar«, sagt Nele, die sich gerade am Sofa festhält und die Positionen vier und fünf versucht. Anja hat diese beiden Positionen noch nicht mit ihnen geübt, aber sie haben schon oft gesehen, wie Bella und die größeren Mädchen sie getanzt haben.

»Und ich probiere auf jeden Fall eine *Arabesque*! Schau mal, so!« Luisa stellt sich auf ein Bein und streckt das andere nach hinten und die Arme nach vorne.

Als Neles Eltern zum Abholen kommen, sind Luisa und Nele sehr aufgeregt. Sie tragen ihre Tuch-Tutus und alles ist vorbereitet. Die Flussmusik-CD steckt im CD-Spieler und die Sessel und den kleinen Couchtisch haben sie zur Seite geschoben. Nun müssen sich Neles Eltern, Mama, Papa und Luisas kleiner Bruder Fiete nur noch hinsetzen und die Aufführung kann beginnen.
Luisa und Nele fassen sich an den Händen und begrüßen das Publikum mit einem tiefen Knicks. Mama startet den CD-Spieler und die ersten, zarten Töne erklingen.
»Oh, wie schön«, flüstert Neles Mama. »Die Moldau von Smetana!«
Dann sind alle still und verfolgen gespannt die tanzenden Wassertropfen Luisa und Nele, die erst langsam und zart und dann immer schneller und wilder zu der Musik durchs Wohnzimmer wirbeln.
Alles klappt ganz wunderbar und als Luisa und Nele am Ende ein wenig außer Atem tiefe Knickse machen, klatschen die Zuschauer wild.
»Wenn ich groß bin, werde ich Balletttänzerin!«, keucht Nele glücklich.
»Ich auch!«, lacht Luisa. »Oder noch besser: Wir werden Primaballerinas! Alle beide!«

Die Grundpositionen

Viele Ballettschritte bauen auf den fünf Grundpositionen auf. Deshalb lernst und übst du sie in jeder Ballettstunde immer wieder. Deine Ballettlehrerin hilft dir dabei, auf die richtige Haltung deiner Arme und Beine zu achten.

Erste Position   Zweite Position   Dritte Position

Vierte Position   Fünfte Position

Die **vierte und die fünfte Position** sind ein wenig schwieriger. Deshalb lernst du als Anfängerin im Ballettunterricht erst einmal die ersten drei Positionen.

Flamingos und Krokodile

Endlich ist wieder Dienstag und das bedeutet – hurra, Ballettunterricht! Wie jedes Mal sind nach dem Aufwärmen die Übungen *à la barre* an der Reihe, zuerst die ersten drei Positionen und dann wiederholen sie die *Demi-pliés*. Bella kann diese besondere Kniebeuge sogar schon ohne sich an der Stange festzuhalten. Aber was noch toller ist, Bella kann auch das *Grand-plié* ohne sich festzuhalten.

»Wow!«, murmelt Nele, als das große Mädchen tief und anmutig in die Knie sinkt.

»Toll!«, flüstert Luisa. Das will sie auch lernen, deshalb übt sie konzentriert.

»Achte auf deine Fersen, Luisa!«, sagt Anja. »Sie müssen beim *Demi-plié* den Boden berühren.«

»Verflixt!«, wispert Luisa Nele zu. »Meine Fersen wollen immer in die Luft!«

»Meine auch«, seufzt Nele. *Demi-pliés* sind wirklich nicht einfach.

»Puh!«, stöhnt Nele nach einer Weile. »Ich hab keine Lust mehr. Immer an dieser blöden Stange. Das ist langweilig!«

Luisa nickt. Einfach durch den Saal tanzen, das wäre viel schöner! Aber wenn sie Balletttänzerin werden will, dann muss sie auch langweilige Übungen machen. Das hat Oma gesagt. Und Oma weiß Bescheid, denn sie war früher Tänzerin in der Oper.

Luisa greift nach der Stange und beugt langsam und konzentriert die Knie.

»Super!«, ruft Anja, als Luisas Fersen zum ersten Mal fest auf dem Boden bleiben. Luisa strahlt.

Dann klatscht Anja in die Hände und alle laufen zu ihr. Nur Max nicht. Er tobt durch den Saal. Die Vibrationen, die jeder Hüpfer in dem leicht schwingenden Holzfußboden auslöst, krabbeln durch Luisas Beine bis hinauf in ihren Bauch. Der Fußboden tanzt mit! Ein tolles Gefühl!
Anja lächelt: »Wunderbar, Max, aber jetzt bewegen wir uns gemeinsam!«
Das ist das Stichwort für Henning. Er beginnt zu spielen und alle wissen sofort, dass sie nun gehen müssen. Luisa hebt den Kopf und hält sich gerade. Ruhig geht sie durch den

Raum und achtet dabei darauf, wie sie die Füße setzt. Anja korrigiert die Haltung von Neles Kopf und zeigt Jonas, wie er die Arme heben soll.

»Ihr seid keine Elefanten!«, ruft sie. »Ihr schwebt wie Schmetterlinge!«

Luisa denkt an den Schmetterling auf ihrem Trikot und auf einmal schwebt sie im Takt mit der Musik über eine Blumenwiese. Das ist schön! Fröhlich winkt sie Nele zu.

Huch – einen winzigen Augenblick hat Luisa nicht aufgepasst. Die Musik ändert sich! Hennings Finger sausen über die Tasten und die Töne eilen dahin. Bella läuft als Erste los.

Jetzt läuft auch Luisa durch den Raum. Immer wieder ändert Henning das Tempo und die Kinder laufen, marschieren und hüpfen. Dann verwandeln sich alle in Flamingos. Sie schreiten vornehm und wenn die Musik stoppt, stehen sie still auf einem Bein.
Manchmal wackelt Luisa. Besonders auf dem linken Bein. Luisas Schokoladenseite ist rechts. Sie muss an so viel denken: Kopf hoch, Rücken gerade, Fußspitze gestreckt, Beine parallel. Bloß nicht umfallen – und wie soll sie noch die Arme heben? Zum Glück ist sie ist nicht die einzige Wackelkandidatin. Jonas und Anne halten sich sogar an der Stange fest. Nur Bella steht regungslos. Wunderschön sieht das aus.
Anja erklärt, worauf alle achten müssen: Bauch einziehen, Po anspannen und einen festen Punkt im Saal anschauen.
»Musik bitte, Henning!«, sagt Anja. »Mit längeren Pausen!«
Das wird schwierig, denkt Luisa. Aber mit Anjas Tipps klappt es gut. Plötzlich hebt Anja die Hand: »Stopp, Henning! Alle bleiben stehen!«, sagt sie leise.
Luisa wackelt kein bisschen. Sie wagt sogar, sich umzuschauen. Wow! Lauter bewegungslose Kinder, die auf einem Bein stehen. Niemand schwankt. Ein Saal voller Flamingos! Okay, echte Flamingos sind rosa und hier gibt es gelbe, blaue, grüne und schwarz-weiße Vögel – aber das stört überhaupt nicht.
»Prima!«, ruft Anja und lässt die Hand sinken. Sofort werden aus einbeinigen Flamingos wieder zweibeinige Kinder. Dann setzt die Musik ein, wild und rhythmisch, und schon toben alle in ausgelassenen Sprüngen durch den Saal.
»Achtung!«, ruft Anja. »Gefräßige Krokodile!«
»Hilfe!«, lacht Max und springt mit einem Riesensatz über ein gefährliches Krokodil direkt vor seinen Füßen.
»Überall Krokodile!«, jauchzt Nele. »Klasse!«
»Juchuh!«, jubelt Luisa. »Ich liebe Krokodile!«

Laufen, hüpfen und springen

Es gibt verschiedene Arten der Fortbewegung. Du kannst langsam und ruhig gehen, schnell laufen, fröhlich hüpfen oder in weiten Sprüngen durch den Saal sausen. Als Balletttänzerin musst du bei all diesen Bewegungen immer gut auf deine Haltung achten.

Anjas große Überraschung

Endlich wieder Ballettunterricht! Endlich wieder tanzen. Luisa ist so froh, dass die Winterferien vorüber sind. Zwei Wochen ohne Ballett können sooo lang sein. Luisa und Nele laufen in den Tanzsaal, wo die anderen schon mit Anja zusammen im Kreis auf dem Boden sitzen. Flink quetschen sie sich zwischen Bella und Max, denn das Aufwärmtraining wird gleich losgehen.

Doch überhaupt nichts geht los. Anja schaut sich lächelnd um, dann räuspert sie sich und sagt: »Ich freue mich, dass ihr nach den Ferien alle wieder da seid. Und ich habe auch gleich eine Überraschung für euch!« Sie macht eine kleine Pause und ein supergeheimnisvolles Gesicht.

Eine Überraschung? Was denn? Hat Anja Gummibärchen für alle mitgebracht? Oder eine Schokoladentorte?

»Ich möchte mit euch ein Ballettstück einstudieren, das wir dann kurz vor den Sommerferien aufführen werden«, erzählt Anja. »Alle dürfen sich die Aufführung ansehen: Mamas, Papas, Omas, Opas …«

»Mein Bruder auch?«, fragt Jonas.

»Natürlich«, sagt die Ballettlehrerin. »Dein Bruder und die Geschwister von allen Ballettkindern und all eure Freunde und Klassenkameraden und …«

»Auch meine Lehrerin?«, will Klara wissen.

»Ja, auch deine Lehrerin«, lächelt Anja. »Einfach alle!«

»Dürfen wir Tutus anziehen?«, fragt Nele aufgeregt.

»Das kommt auf die Rolle an, die ihr tanzen werdet«, erklärt Anja. »Die Libellenprinzessin wird natürlich ein Tutu tragen.«

»Libellenprinzessin?«, fragt Bella. »Ist das die Hauptrolle? Darf ich die Libellenprinzessin tanzen, Anja? Ich kann ein paar *Pirouetten* machen und eine *Arabesque*. Aber mit Spitzenschuhen!«

Bella hat vor den Ferien mit dem Spitzentanz angefangen. Sie darf jetzt immer am Ende der Ballettstunde richtige Spitzenschuhe anziehen und für kurze Zeit damit üben.

»Darüber reden wir noch, Bella!«, sagt Anja und Max ruft: »Was für ein Ballett tanzen wir denn?«

»Und was für Rollen gibt es noch, außer der Libellenprinzessin?«, will Nele wissen.

Alle reden durcheinander, nur Luisa sagt nichts. Sie hat Herzklopfen. Eine richtige Ballettaufführung – das ist total aufregend.

Anja hebt eine Hand. »Hört mal zu«, sagt sie. »Ich erzähle euch, was in dem Stück passiert. Die Libellenprinzessin lebt mit den anderen Libellen an einem Teich, auf dem viele Seerosen blühen. Die Libellen, die Seerosen und die Blumen, die am Ufer wachsen, sind gute Freunde. Sie spielen fröhlich miteinander. Eines Tages kommt die Hornisse an den See. Sie ist groß und gefährlich. Sie will nur eines: Sie will die Libellenprinzessin fangen und entführen. Immer wieder greift die Hornisse an und den Libellenkindern, den Seerosen und den Blumen gelingt es nur mit viel Mühe, ihre Prinzessin zu beschützen und zu verstecken.«

»Och nee!«, unterbricht Max Anja und schaut Jonas an.

»Libellen?«, fragt Jonas. »Blumen? Seerosen? Sollen wir so was etwa auch tanzen? Max und ich?«

»Im Tüllröckchen?«, ruft Max und schüttelt sich. »Iiih bäh!«

»Nicht mit mir!«, sagt Jonas ruhig. »Da mach ich nicht mit!«

»Ich auch nicht!«, fügt Max hinzu und verschränkt trotzig die Arme.

Luisa erschrickt. Eine Aufführung ohne Max und Jonas, das geht gar nicht. Die beiden gehören doch zur Ballettgruppe dazu.

»Aber«, sagt Anja, »wartet doch mal, ich dachte ...«

Da hat Luisa eine supergute Idee. »Ich weiß, was für Rollen Max und Jonas tanzen können!«, ruft sie. »Die beiden können doch so gut springen. Können sie nicht zwei Frösche sein und die gefährliche Hornisse mit riesigen Sprüngen erschrecken und verjagen?«

»Coole Idee!«, ruft Max. »Frosch Max, der Hornissenjäger! Das bin ich!«

»Super!«, ruft Jonas. »Ich tanze auch einen Frosch, aber ohne Tutu, okay?«

Anja lacht. »Natürlich!«, sagt sie. »Frösche tragen keine Tutus. Das ist mal klar! Was für eine feine Idee, Luisa!«, fügt sie hinzu. »Wenn die Hornisse die Libellenprinzessin gefangen hat, dann treten Max und Jonas als Frösche auf. Sie verwirren die Hornisse durch ihre wilden Sprünge und befreien die Libellenprinzessin. Das ist ganz wunderbar!«

»Und dann«, kichert Nele, »dann verträgt sich die Libellenprinzessin mit der Hornisse.«

Luisa nickt: »Und wenn sie nicht gestorben sind, dann tanzen sie noch heute alle zusammen um den Teich herum!«

Henning applaudiert und Anja sagt: »Was für eine schöne Geschichte. Genauso machen wir das.«

Spitzenschuhe und Spitzentanz

Es sieht einfach zu schön aus, wenn eine Ballerina anmutig auf den Fußspitzen über die Bühne schwebt. Mit dem Spitzentanz darfst du aber erst beginnen, wenn deine Muskeln kräftig genug sind. Deshalb solltest du mindestens elf Jahre alt sein und schon mehrere Jahre lang Ballettunterricht gehabt haben.

Ein **Spitzenschuh** hat eine verstärkte Sohle und vorne eine feste Kappe, die Box genannt wird. Sie besteht aus mehreren Schichten grobem Leinen, Stoff, Papier und Leim. Der ganze Schuh ist mit glänzendem Satin überzogen.

Pirouette auf der Spitze

Eine **Arabesque** kann natürlich auch auf der Spitze getanzt werden.

Diese Ballerina hat den **Spitzentanz** schon lange trainiert.

Omas Erinnerungsschachtel

»Hast du heute Nachmittag Zeit?«, fragt Nele in der Schule.
»Klar!«, sagt Luisa. »Aber du musst zu mir kommen. Oma passt auf mich auf. Papa ist mit Fiete beim Turnen und Mama arbeitet heute länger. Oma hat versprochen, dass sie Fotos von früher mitbringt, als sie noch Balletttänzerin war.«
»Cool!« Nele ist begeistert. »Ich komme nach den Hausaufgaben!«

Am Nachmittag sitzen Luisa, Nele und Luisas Oma auf dem Sofa. Auf dem Tisch steht ein Teller mit Keksen, eine Kanne Kakao und Omas Erinnerungsschachtel.
»Ach!« Oma zieht ein verknittertes Foto aus der Schachtel. »Schwanensee – da habe ich im *Corps de Ballet* getanzt. Ich bin die Vierte in der zweiten Reihe!«
»Chor?«, fragt Nele. »Ich dachte, im Chor wird gesungen?«
Luisa kichert. »Die ganze Balletttruppe, alle Tänzer und Tänzerinnen, die kein Solo tanzen, die heißen *Corps de Ballet*.«
»Ach so«, sagt Nele und betrachtet das Foto voller Bewunderung.
Luisa findet auch, dass die Ballerinas in den weißen Tutus wunderschön aussehen. Jede Tänzerin verharrt auf dem Foto in einer anmutigen *Arabesque*. Alle Beine schweben auf der gleichen Höhe, alle Arme sind vollkommen gleichmäßig gebeugt.
»Das ist bestimmt schwierig!«, meint Nele. »Da darf man ja den Arm keinen Millimeter zu hoch oder zu tief halten.«

»Nee!«, sagt Luisa. »Sonst ist es nicht so schön.« Sie überlegt. »Die sehen wie echte Schwäne aus!«

Nele nickt und Oma sagt: »Bis es so wie auf dem Foto geklappt hat, mussten wir üben und üben und üben.«

»Oh!«, ruft Luisa überrascht und fischt ein anderes Bild aus der Erinnerungsschachtel. »Ein schwarzer Schwan?«

Oma lächelt. »Das ist Erika, unsere Primaballerina! Sie hat die Rolle von Odile, der schwarzen, bösen Schwanenprinzessin getanzt.«

»Wolltest du auch Primaballerina werden und immer die Hauptrolle tanzen, Oma?«, fragt Luisa neugierig.

Oma lächelt wehmütig. »Als ich im *Corps de Ballet* anfing, da habe ich gehofft, dass ich es bis zur Primaballerina schaffe. Aber Erika und andere waren einfach besser als ich. Und das Tanzen hat mir auch im *Corps* viel Freude gemacht.«

»Außerdem kann ja sowieso nicht jede Tänzerin die Primaballerina sein – wer tanzt dann die Schwäne?!«, sagt Nele.

»Und die Seerosen und die Libellen und die Blumen!«, ergänzt Luisa. »Wenn wir alle Primaballerinas wären, dann gäbe es in unserem Stück nur Hornissen und Libellenprinzessinnen und das wäre langweilig.«

»Bei euch kommt eine Hornisse vor?«, fragt Oma neugierig.

»Ja, Bella tanzt sie«, erzählt Luisa. »Erst wollte sie nicht. Sie fand, dass nur die Libellenprinzessin eine Hauptrolle sei. Aber jetzt, wo sie gesehen hat, was sie für schwierige Sprünge als Hornisse tanzen kann ...«

»Und dass sie sogar am Ende ein kleines Solo auf der Spitze tanzen darf!«, unterbricht Nele die Freundin.

»Jetzt ist sie zufrieden«, fährt Luisa fort. »Für die Libellenprinzessin ist sie zu groß. Dann wäre die Hornisse kleiner als die zarte Prinzessin gewesen und das hätte doof ausgesehen!«

»Und wer tanzt eure Libellenprinzessin?«, fragt Oma.

»Klara!«, sagt Luisa. »Die tanzt schon lange und richtig gut. Und ich bin eine Libelle!«

»Und ich eine Seerose«, lacht Nele. »Das macht Spaß!«

»Schaut mal!« Luisa hält ein weiteres Foto hoch. Auf einem schmalen Bett schläft eine Tänzerin. Sie trägt ein Krönchen und ihr Tutu ist mit Rosen bestickt. Ein junger Mann kniet vor ihr und schaut sie sehnsüchtig an.

»Eine schlafende Prinzessin mit lauter Rosen!«, ruft Nele. »Das kann nur …«
»Dornröschen sein!«, ergänzt Luisa.
Oma kramt in der Erinnerungsschachtel. »Da muss noch ein Foto von Erika und ihrem Prinzen Paul beim *Pas de deux* sein! Wo ist es bloß?«
»Ich hab's!«, ruft Luisa und hält ein Foto hoch, auf dem die Prinzessin in dem Rosen-Tutu zusammen mit ihrem Prinzen zu sehen ist.
»Das ist soooo schön!«, seufzt Nele begeistert.
Luisa wühlt schon wieder in den Fotos. Was da nicht alles zu finden ist! Das ist total spannend!
»Huch!«, ruft sie plötzlich und betrachtet einen vergilbten Zeitungsausschnitt. Ein Mann mit riesiger weißlockiger Perücke ist auf dem Foto zu sehen. Er trägt goldene Pluderhosen und Schuhe mit breiten, hohen Hacken. »Das ist kein Balletttänzer! Wer soll das sein?«
Oma lacht. »Oh doch! Das war ein Tänzer! Das ist das Foto von einem alten Gemälde. Es zeigt den französischen König Ludwig den XIV., der vor fast 400 Jahren gelebt hat. Er hat schon als kleiner Junge gern getanzt und er hat die erste Ballettschule gegründet, die königliche Tanzakademie *Académie royale de danse*.«
»Weißt du, was Anja zu ihm sagen würde?«, fragt Luisa.
»Nein, was denn?«, fragt Oma.
»Anja würde sagen: ‚Binde dir mal die Haare aus dem Gesicht, Ludwig!'«, ruft Nele.
»Ja«, sagt Oma. »Die Zeiten haben sich geändert.«

Berühmte Ballettstücke

Es gibt viele verschiedene Ballette, die immer wieder mit großem Erfolg aufgeführt werden. Sie heißen z.B. *Der Nussknacker*, *Giselle*, *Dornröschen* oder *Schwanensee*.

Dornröschen
Hier tanzen Dornröschen und ihr Prinz einen Pas de deux. Peter Tschaikowsky hat dieses Ballettstück komponiert, dessen Vorlage das bekannte Märchen der Gebrüder Grimm ist.

Die Tanzschuhe von Ludwig XIV.
Es hat sich viel verändert. Die Schuhe, in denen der französische König Ludwig XIV. vor fast vierhundert Jahren getanzt hat, sahen ganz anders aus als die Schuhe, die die heutigen Balletttänzer tragen.

Schwanensee
Die Primaballerina tanzt die Schwanenprinzessin aus dem märchenhaften Ballettstück von Peter Tschaikowsky.

Generalprobe verpatzt – wie wunderbar!

Luisa ist total aufgeregt. Es ist Dienstag und da ist natürlich wieder Ballettunterricht, wie immer. Aber, so wirklich wie immer ist es heute nicht. Sie treffen sich mit Anja nämlich nicht in der Ballettschule, sondern im Kleinen Theater am Marktplatz. Heute findet dort die Generalprobe statt. Monatelang haben sie geübt und geprobt und am Samstag ist es so weit. Da treten sie auf einer echten Bühne mit Scheinwerfern und einem roten Samtvorhang auf. Doch vorher gibt es die Generalprobe, bei der alles genauso gemacht werden muss wie bei der Vorstellung am Wochenende. Alle tragen ihre Kostüme, sie werden geschminkt wie richtige Tänzer und die Bühne wird mit den Scheinwerfern hell beleuchtet sein.

Bella bindet gerade die schwarzen Spitzenschuhe, die sie sich extra für ihren Auftritt als Hornisse zum Geburtstag gewünscht hat.

»Du siehst toll aus, Bella!«, sagt Luisa und bewundert das schwarz-gelbe Trikot, das schwarze Tutu, die kleinen Flügel und die Fühler auf Bellas Kopf.

Die Hornisse lächelt. »Du aber auch, kleine Libelle!«, sagt sie.

Das stimmt! Zufrieden schaut Luisa in den Spiegel. Ihr blaugrün schimmerndes Libellen-Tutu ist wunderschön.

»Schaut mal!«, lacht Nele und dreht sich glücklich im Kreis. »Mama hat mir ein Seerosen-Tutu genäht!«

»Quak! Quak! Quak!«, rufen Max und Jonas.

»Wow!«, sagt Anja bewundernd. »Was für großartige Frösche!«

Alle staunen über die beiden giftgrünen Jungs. Jonas' Mama hat sogar grüne Handschuhe für sie besorgt und der Papa von Max hat ihnen die Gesichter ganz grün angemalt.

Als alle umgezogen und geschminkt sind, sagt Anja: »Es geht los! Die Seerosen und die Blumen stellen sich auf der Bühne auf, so wie wir es geprobt haben. Die Libellen warten hinter den Seitenvorhängen auf ihren Auftritt und du, Henning ...«

»Alles klar!«, unterbricht Henning die Ballettlehrerin und setzt sich an sein Keyboard. »Es kann losgehen!«

Sogar Henning hat sich schick gemacht. Er trägt ein richtiges Jackett und eine rote Fliege und sieht sehr würdevoll aus. Er fängt an zu spielen, der Vorhang öffnet sich und die Generalprobe beginnt mit dem Tanz der Seerosen und Blumen.

Mit Herzklopfen wartet Luisa hinter dem Vorhang auf die Libellenmelodie. Wenn diese Melodie erklingt, dann sind die Libellen dran. Das darf Luisa nicht verpassen.

»Mmhlala-mmhlali-lalalaa!«, summt sie mäuschenleise mit. Jetzt!

Flink schlüpft sie durch den Vorhangspalt und tanzt leichtfüßig zwischen den Seerosen hindurch.

»Stopp!«, ruft Anja und die Musik verstummt. Was ist denn los? Luisa schaut sich um.

»Es fehlen drei Libellen!«, sagt Anja. Tatsächlich! Wo sind Lara, Anne und Merle? Oh nein! Sie stehen noch hinter dem Vorhang.

»Wir haben den Seerosen zugeschaut!«, erklärt Lara.

»Das sah so schön aus!«, sagt Anne.

»Da haben wir unseren Auftritt vergessen«, fügt Merle hinzu und wird rot.

»Das machen wir noch einmal!«, bestimmt Anja.

Der verpatzte Libellenauftritt ist nicht das Einzige, was schiefgeht. Einmal tanzen zwei Seerosen in die falsche Richtung und stoßen – peng – mit ein paar Blumen zusammen. Luisa erschrickt. Sicher wird Anja gleich schimpfen. Aber Anja ist überhaupt nicht ärgerlich. Sie lächelt und sagt: »Das machen wir noch mal.«

Beim zweiten Mal klappt auch der Seerosentanz perfekt und Bellas Hornissensolo ist großartig. Sie tanzt eine wunderbare *Pirouette* in einer *Attitude derrière*! Und ihre *Grand jetés* gelingen ihr so perfekt, dass die Frösche ihre Rolle vergessen und wild applaudieren.

Am Ende proben sie noch ein paarmal ihre *Révérences*, damit auch die beim Schlussapplaus gut werden. Dann sitzen alle auf dem Bühnenrand, lassen die Beine baumeln und schauen erwartungsvoll zu Anja.

»Das war sehr schön!«, sagt die Ballettlehrerin und lächelt. »Ich freue mich auf Samstag!«

»Nee!«, ruft Max. »Alles war nicht schön!«

»Genau!«, sagt Bella. »Es ist total viel danebengegangen! Die fehlenden Libellen zu Anfang ...«

»Und der Seerosenunfall mit den Blumen!«, fügt Klara hinzu. »Das war doof!«

»Hoffentlich passiert das am Samstag nicht!«, meint Jonas.

»Macht euch keine Sorgen!«, lacht Anja. »Samstag wird alles wunderbar. Wenn die Generalprobe misslingt, dann wird die Aufführung supergut! Das ist eine alte Theaterregel!«

Vor der Generalprobe und vor der Aufführung

Hinter der Bühne herrscht große Aufregung. Es gibt noch jede Menge zu tun. Du musst dein Kostüm anziehen und dich frisieren. Du machst sicher noch ein paar Aufwärmübungen und denkst noch einmal an die schwierigsten Figuren, die du gleich tanzen wirst.

Alle Tänzerinnen und Tänzer werden geschminkt. Damit eure Gesichter im Scheinwerferlicht nicht blass und krank aussehen, schminkt ihr euch gegenseitig.

Kurz bevor Bella für ihr großes Solo auf die Bühne geht, übt sie zur Erinnerung noch schnell ihre schwierigsten Figuren.

Ein Riss in letzter Minute
Es kann passieren, dass kurz vor deinem Auftritt plötzlich etwas an deinem Kostüm kaputtgeht. Deine Tanzlehrerin hat sicher Nadel und Faden dabei.

Sie springt einen wunderbaren *Grand jeté* ...

Révérence
Am Ende der Generalprobe oder der Aufführung bedanken sich die Tänzerinnen und Tänzer beim Publikum mit graziösen Knicksen und Verbeugungen, die *Révérences* heißen.

... und sie steht auf dem rechten Bein und hebt das linke Bein in einer ***Attitude derrière.***

Luisas allerschönster Tag

»Luisa, mein Schatz«, sagt Mama am Samstag beim Mittagessen. »Iss doch wenigstens eine Kartoffel mit Soße. Du hast ja heute nicht einmal gefrühstückt.«
»Ich mag nicht! Mir ist übel!« Luisa schüttelt den Kopf. Den ganzen Vormittag fühlt sie sich schon wackelig und zitterig. Sie hat schlecht geschlafen und schrecklich geträumt – von der Ballettaufführung. Sie hatte ihr Kostüm zu Hause vergessen und musste als Einzige barfuß in einem knallroten Trikot aus Anjas Grabbelkiste auftreten. Das war furchtbar! Alle haben gelacht.
Oma legt den Arm um Luisa. »Du hast Lampenfieber«, sagt sie. »Das kenne ich. Aber das geht vorbei, wenn du auf der Bühne stehst, glaub mir!«

Gleich nach dem Mittagessen fahren sie los, damit Luisa rechtzeitig zum Schminken und Umziehen im Kleinen Theater ist. Als sie auf dem Parkplatz aus dem Auto steigen, packt Luisa Mamas Hand ganz fest. »Bringst du mich hinein?«, fragt sie mit zitternder Stimme.
»Aber sicher, mein Spatz!«, sagt Mama, und während Oma, Papa und Fiete sich Plätze im Zuschauerraum suchen, zeigt Luisa Mama den Weg hinter die Bühne.
Dort ist richtig was los. Libellen und Seerosen rennen durcheinander und suchen ihre Kostüme und ihre Schläppchen. Mamas schminken die Blumen und frisieren die kleinen Tänzerinnen. Anja flickt einen Riss in Bellas linkem Hornissenflügel. Max' Gesicht wird

gerade von seinem Papa froschgrün angemalt und Nele steht auf Zehenspitzen und linst durch einen Vorhangspalt in den Zuschauerraum.

»Boah!«, flüstert sie beindruckt. »Das ist richtig voll! Da sitzen tausend Leute!«

Tausend Zuschauer? Luisa schluckt. Wie schrecklich!

Doch Anja schüttelt lächelnd den Kopf und sagt: »Das sind höchstens hundertfünfzig. Mehr Plätze gibt es hier gar nicht.«

Doch das hilft Luisa überhaupt nicht. Tausend oder hundertfünfzig – da draußen sind auf jeden Fall zu viele Menschen!

»Wenn Jonas nicht kommt, dann tanze ich auch nicht!«, schreit Max plötzlich wütend.

Das aufgeregte Geschnatter und Gekicher verstummt. Alle starren Max an.

»Ist Jonas denn noch nicht da?«, fragt Anja beunruhigt und schaut sich um.

Max zieht die Nase hoch und schüttelt den Kopf.

Luisa erschrickt. Jonas kommt nicht? Das kann doch nicht sein! Hat er etwa auch Lampenfieber? Aber sie ist trotzdem gekommen und sie wird auf jeden Fall tanzen, Lampenfieber hin oder her. Nein, Jonas lässt doch die Balletttruppe nicht im Stich! Er wird sicher … Da klingelt Anjas Handy.

»Ja?«, fragt die Ballettlehrerin nervös. »Eine Panne? – Oh! – Und nun? Oh, gut! Im Taxi. Ja! Dann bis gleich!« Sie steckt das Handy in die Tasche und wendet sich an ihre Tanzkinder. »Das war der Papa von Jonas. Sie hatten eine Autopanne, aber Jonas und seine Mama sitzen schon im Taxi und werden gleich hier sein.«

»Puh!«, sagt Max erleichtert und zieht seine grünen Handschuhe an.

»Was für ein Glück!«, flüstert Luisa Nele zu. »Ohne Jonas, das wäre echt doof gewesen.«

Nele nickt. In diesem Augenblick stürmt Jonas hinter die Bühne.

»Cool, dass du da bist!«, ruft Max und klatscht seinen Freund ab. In Windeseile schlüpft Jonas in sein Kostüm und lässt sich von Max' Papa schminken.

Als er fertig ist, müssen sich alle Mamas und Papas, die hinter der Bühne geholfen haben, auf ihre Plätze im Zuschauerraum setzen, denn jetzt geht es gleich los! Henning sitzt schon an seinem Keyboard. Auf seiner Stirn hat Luisa Schweißperlen gesehen. Ob er auch Lampenfieber hat?

»Toi, toi, toi!«, flüstert Anja, und dann wuseln die Blumen und Seerosen auf ihre Plätze auf der Bühne. Die Frösche, die Hornisse und alle Libellen warten hinter den schwarzen Vorhängen auf ihren Auftritt. Die kleine Seerose Nele, die ganz vorne am Bühnenrand sitzt, winkt der Libelle Luisa noch einmal kurz zu. Dann spielt Henning die ersten Akkorde, die Scheinwerfer leuchten auf und der rote Samtvorhang öffnet sich. Sanft ertönt die Eingangsmusik und die Seerosen wiegen sich sachte hin und her. Die Blumen heben und senken ihre Arme im Rhythmus der Melodie.

Luisa beißt sich auf die Lippen. Ihre Beine sind puddingweich. So kann sie auf gar keinen Fall tanzen! Sie wird ...

»Jetzt die Libellen!«, flüstert Anja und bevor Luisa auch nur »Nein!« denken kann, schwebt sie schon mit den anderen auf die Bühne und tanzt zwischen den sich wiegenden Seerosen hindurch. Die Musik ist überall – in ihren Armen und Beinen, in ihrem Bauch und ihrem Herzen und ihre Füße bewegen sich ganz von allein. Luisa tanzt und tanzt. Sie vergisst die Zuschauer und die Scheinwerfer, es gibt nur noch die Musik, die Tanzschritte und dieses wundervolle Gefühl, das sie im ganzen Körper spürt.

Und es gibt all die anderen Libellen, Blumen und Seerosen, die zusammen mit Luisa über die Bühne schweben. Kein Kind stolpert oder dreht sich in die falsche Richtung und Bella als Hornisse ist großartig. Nach ihrem Solo mit der *Pirouette* und den schwierigen Sprüngen bekommt sie sogar Szenenapplaus. Henning muss ein wenig warten, bevor er mit dem nächsten Stück einsetzen kann, und Bella verneigt sich strahlend. Luisa hebt ihren rechten Daumen so unauffällig, dass nur Bella es sieht.

Der Auftritt der beiden Frösche Max und Jonas, die mit leichten, weiten Sprüngen über die Bühne schweben und sausen, ist wunderbar. Die Zuschauer halten den Atem an, als die beiden die Hornisse angreifen. Und dann haben sie die Libellenprinzessin befreit und alle Tänzerinnen und Tänzer tanzen gemeinsam das große Finale. Als der letzte Akkord verklingt, donnert der Applaus los. Opas jubeln, Papas trampeln mit den Füßen, Omas und Mamas klatschen wie wild und Luisas Oma ruft mit heller Stimme »Bravo! Bravo!«.

Außer Atem knickst Luisa immer und immer wieder.
Plötzlich schiebt sich Neles verschwitzte Hand in die ihre.
»Das war toll!«, flüstert die Freundin Luisa zu.
Luisa nickt. »Heute ist der allerschönste Tag in meinem Leben!«, sagt sie. »Es ist großartig, Balletttänzerin zu sein!«

Auf einen Blick

Ballettbegriffe, die in Luisas Geschichte vorkommen

Académie royale de danse	königliche Tanzschule
à la barre	an der Stange
Arabesque	du stehst auf einem durchgedrückten Bein und streckst das andere gerade nach hinten
à terre	auf dem Boden
Attitude derrière	du stehst auf einem gestreckten Bein und winkelst das andere leicht nach hinten ab
Ballerina	Balletttänzerin
Corps de ballet	die Gruppe aller Tänzerinnen und Tänzer
Demi-plié	halbe Kniebeuge
exercice à la barre	Übung an der Stange
Grand-jeté	großer, weiter Sprung von einem Fuß auf den anderen
Grand-plié	ganze, tiefe Kniebeuge

Improvisation	etwas tanzen, ohne vorher lange zu überlegen
Pas de deux	Paartanz, ein Tanz für zwei
Pirouette	du drehst dich auf einem gestreckten Bein auf der Stelle im Kreis, dabei hältst du das freie Bein angewinkelt mit dem Fuß vor dem Knie des Standbeins
Plié	Beugungsübung, die sich gut zum Aufwärmen eignet
Positionen	Grundhaltungen, auf denen alle Figuren des Balletttanzes aufbauen
Primaballerina	erste Ballerina in der Balletttruppe, sie tanzt das Solo
Révérence	Verbeugung des Tänzers, Knicks der Tänzerin
Szenenapplaus	wenn die Zuschauer mitten im Ballettstück nach einem besonders schönen Solo oder einer besonders gelungenen Tanzfigur klatschen
Solo	ein Tanz, der von einer einzigen Tänzerin oder einem einzigen Tänzer getanzt wird
Spitzenschuhe	besondere Ballettschuhe mit verstärktem Vorderteil, die die Tänzerinnen tragen, um auf den Fußspitzen tanzen zu können
Tutu	Ballettröckchen, das bei den Aufführungen von den Ballerinas getragen wird und aus vielen Lagen steifen Tülls besteht

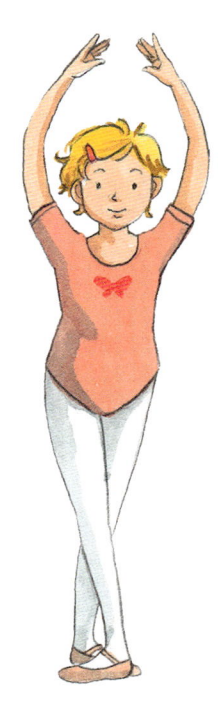